THE FIVE senses OF Home

STORIES AND POEMS FROM THE STUDENTS OF 826CHI

LOS CINCO SENTIDOS DEL HOGAR

CUENTOS Y POEMAS DE LOS ESTUDIANTES DE 826CHI

TABLE OF CONTENTS

Foreword

BY THE AFTER SCHOOL TUTORING AND WRITING STUDENT AMBASSADORS

Thank you for choosing to read our book! We all worked really hard on our stories and poems. This book is all about home: not just the houses we live in but the homes we have found for ourselves. For us, home is more than a building. Home can be homemade arroz con leche or the feeling of happiness that comes from coloring. Home is a bunch of love and stories all rolled into one.

It's important to us that our stories in this book are in both English and Spanish. Some people can only read Spanish and we don't want them to miss out on our work! Also, publishing our stories in Spanish shows people who don't speak English that they are important.

You don't have to read this book in order from start to finish but you should definitely read every story or poem so you have a bigger idea of what home is. We're happy to be your inspiration and we hope you take some time to think about all of the different places and feelings and people who are home for you. A good place to start is to ask where you feel safe and warm and happy. That sounds like home to us.

While you're reading, we think you should get a big bowl of ice cream and eat until you get a brain freeze. When you're done with the book, we would really like it if you sent a letter to 826CHI (1276 N. Milwaukee Ave, Chicago) or tag us on social media (@826CHI on Twitter/Instagram) and tell us about your home!

THE BRIGHT COLORS

by Joseph B., grade 3

Home is my favorite color— red. It feels like a flat pancake. The food smells like garbage. The water is magic; when I drink water, then I go back to watch TV, then I go back to drink more water, and then it disappears.

Everything is colorful like a rainbow. My favorite thing is to watch TV in front of the blue walls. The blue walls make me feel creative. I construct dinosaurs with Legos. I build a dinosaur, then another one. I put them together in a better, bigger, and stronger Lego.

My house is as clean as a clean table. My bedroom is as soft as a wolf.

It feels like the rainbow in the sky. When I leave home, it feels like the North Pole. When I go back home I feel happy about the bright colors.

Los colores brillantes

por Joseph B., grado 3

El hogar es mi color favorito— rojo. Se siente como un panqueque plano. La comida huele como basura. El agua es mágica; cuando tomo agua, luego regreso a ver televisión, luego regreso a tomar más agua hasta que desaparece.

Todo esta de colores vivos como un arco iris. Mi cosa favorita es ver la televisión en frente de las paredes azules. Las paredes azules me hacen sentir creativo. Yo uso Legos para construir dinosaurios. Yo construyo un dinosaurio, y luego otro. Yo los junto para construir un mejor Lego, más grande y más fuerte.

Mi casa es tan limpia como una mesa limpia. Mi cuarto es tan suave como un lobo.

Se siente como un arco iris en el cielo. Cuando me marcho de la casa, se siente como el Polo Norte. Cuando regresó a la casa me siento feliz sobre los colores vivos.

WHAT HOME IS TO ME

by Abigail M., grade 8

Home is a place where you can be yourself, feel loved, eat, poop, drink, sleep and shower. Home is a place where you can see parents, siblings, grandparents, aunts, uncles, cousins and pets. Home is a place where you can enjoy your life, be comfortable and relax. There's no work to be done. I feel at home at my house and at my grandma's. When I first went into my new house, it felt like a home. It felt right. It's in a decent neighborhood, close to school and it's a good place to chillax.

Home makes me feel glad, relieved, tired and hungry! I have a good life and I'm lucky to be alive and have loving, hard working parents. When I think of home I know I want to go; it's better than school, doctors, dentists, the mall (maybe not), grocery store and the car. I want to go home to sit on the comfy couch, see my small, full closet, look in the mirror in the white bathroom and eat the food that smells and tastes so good. All this makes me feel so much better about going home. Home isn't always a place, it's a feeling. And a good one at that.

LO QUE UN HOGAR ES PARA MÍ

por Abigail M., grado 8

Un hogar es un lugar donde se puede ser uno mismo, sentir que te quieren, comer, cagar, beber, dormir y ducharse. Un hogar es un lugar donde ves a tus padres, tus hermanos, tus abuelos, tus tías, tus tíos, tus primos y tus mascotas. Un Hogar es un lugar donde puedes disfrutar de la vida, sentirte cómoda y relajarte. Dónde no hay trabajo que hacer. Me siento en mi hogar cuando estoy en mi casa y en casa de mi abuela. La primera vez que entre en mi nueva casa, sentí que era mi hogar. Sentí que era lo que tenía que ser.. Está en un buen vecindario, cerca del colegio y es un buen lugar para Chilear.

En mi hogar me siento feliz, desahogada, cansada y hambrienta! Tengo una buena vida, y tengo suerte de estar viva y de tener unos padres trabajadores que me quieren. Cuando pienso en lo que un hogar es, quiero estar en ese lugar; es mejor que estar en el colegio, o en la consulta del médico, o en el dentista, o en el centro comercial (bueno, quizá esto no), mejor que ir al supermercado y que estar en el coche. Quiero estar en mi hogar para sentarme cómodamente en mi sofá, observar mi pequeño armario lleno a rebosar, mirarme en el espejo del nuestro cuarto de baño blanco y comer la comida que huele y sabe tan bien. Todas estas cosas me hacen sentir bien cuando pienso en mi hogar. Un hogar no es siempre un lugar, es a menudo un sentimiento. Y uno de los mejores que se pueden sentir.

Arachno-Home

by Julian P., grade 3

Home is a place where almost anything can happen. Home is a safe place because I feel safe with my mom and my brother. It provides everything I need.

What I like about my home is the warmth. I just love feeling it is so warm! The warmest place in the house is the kitchen because the radiator is there.

Another thing I like about home is my family. I really love my family and I am thankful for everything they have done for me (like when my mom makes snacks).

Home is an amazing place to be. My family takes me ice skating. I love ice skating.

I know there is something special about my family. That special thing is us. I am glad that all of us are alive.

Another thing I love is spiders because I feel like home when I am hear them! The reason I like spiders is because I watched Spider-Man for almost my whole life. My favorite Spider-Man thing I have is the sleeping bag. I just love spiders!!!

Arachno-Hogar

por Julian P., grado 3

El hogar es un lugar donde casi cualquier cosa puede pasar. El hogar es un lugar seguro porque me siento seguro con mi mamá y mi hermano. Me da todo lo que necesito.

Lo que me gusta de mi hogar es el calor. ¡Me encanta sentir que es tan cálido! El lugar más calientito de la casa es la cocina porque el radiador está allí.

Otra cosa que me gusta de mi hogar es mi familia. Verdaderamente amo a mi familia y estoy agradecida por todo lo que han hecho por mí (como cuando mi mamá prepara botanas).

El hogar es un lugar increíble para estar. Mi familia me lleva a patinar sobre hielo. Me encanta el patinaje sobre hielo.

Sé que hay algo especial en mi familia. Esa cosa especial somos nosotros. Me alegra que todos estemos vivos.

Otra cosa que amo son las arañas porque me siento como en casa cuando las escucho. La razón por la que me gustan las arañas es porque vi El Hombre Araña durante casi toda mi vida. Mi cosa favorita de El Hombre Araña que tengo es el saco de dormir. ¡Me encantan las arañas!

HOW HOME FEELS TO ME

by Diego R., grade 7

To me, home feels like where I can go and relax. It's where I smell my mom's good food. I feel the coldness of my house that I love, but my family doesn't like. New York feels like home to me because most of my mom's family lives there, and when I hang out with my cousins, it makes me very happy.

My brothers and sisters make me feel like home because they are very nice to me.

Home makes me feel happy, relaxed, and glad that I have a home and a family to go home to. I feel safe because I know my parents are always protecting us. My pet fish feels like home because he is always there at the door waiting for us... and food.

My grandma's house feels like home because her cat Macky always comes up to us and wants you to rub him under his chin. My grandma's house has very comfy furniture, but there is a lot of cat fur.

My cousin's dog, Snoopy, makes me feel like home because he likes following people. (Not that people at home stalk me!) He gets really aggressive when you give him something hot like hot sauce. He also makes me feel cozy because he has a lot of fun.

Home also makes me sad, because I miss my pets that moved on— especially our hamster, Big Chungus. (Her real name is Pidge, but Big Chungus is her nickname.)

My books feel like home to me, because the books I pick out are very interesting and awesome.

cómo me siento en casa

por Diego R., grado 7

Para mi, el hogar es donde puedo ir y relajar. Es donde huelo la deliciosa comida de mi mama. Yo siento el frío de mi casa, que adoro, pero que mi familia no le gusta. Nueva York siente como mi hogar porque la mayoría de la familia de mi mama vive ahí, y cuando juego con mis primos estoy muy feliz.

Mis hermanos me recuerdan del hogar porque son muy amables.

El hogar me hace sentir feliz, relajado y alegre porque tengo una casa y familia que me está esperando. Me siento seguro porque sé mis padres siempre nos protegerán. Mi pez siente como el hogar porque siempre está en la puerta esperándonos. . . y comida.

La casa de mi abuelita se siente como el hogar porque su gato, Macky, siempre quiere que lo acaricias debajo su barbilla. La casa de mi abuelita tiene muchos muebles cómodos, pero está lleno de pelo de gato.

El perro de mi primo, Snoopy, siente como el hogar porque le gusta seguir la gente. (No que todos de mi casa me siguen a todos lados!) Se pone muy agresivo cuando le das algo picante como salsa. El también me hace sentir cómodo porque le gusta divertirse.

El hogar también me hace sentir triste porque extraño mis mascotas que han pasado— especialment nuestro hamster, Big Chungus. (Su nombre verdadero

My favorite books are *Diary of a Wimpy Kid* and *Not So Normal Norbert*. And my house is awesome and interesting.

Tres leches is my favorite dessert because it is very smooth, creamy, and delicious. Tres leches smells like vanilla, like strawberry, and very sugary. I also like Takis; and they feel like home, because I love hot things.

Video games also feel like home to me, because I play with my friends. My favorite TV show, "Apple & Onion," makes me feel like home, because it is very funny, and I love it a lot. My comic books about cats— that I hope to animate —make me feel like home because my sister and I like to draw together. My sister is very nice to me.

My entire family makes me feel like home, because they love and spoil me. Anywhere feels like home to me, because I know my loved ones are always watching over me.

Everything else I forgot to mention makes me feel like home.

es Pidge, pero Big Chungus es su apodo.)

Mis libros sienten como el hogar porque los libros que escojo son muy interesantes y padre. Mis libros favoritos son *Diary of a Wimpy Kid* y *Not So Normal Norbert.* Y mi casa es padre y interesante.

Tres leches es mi postre favorito porque está muy suave, cremosa y delicioso. Tres leches huele como vainilla, como fresa y esta muy azucarado. También me gusta Takis; sienten como el hogar porque me encanta las cosas calientes.

Video juegos tambien sienten como el hogar para mi porque lost juego con mis amigos. Mi programa favorito en la tele, "Apple & Onion," me hace sentir como el hogar porque esta muy chistoso y lo encanto muchisimo. Mi libro cómico sobre gatos— que espero animar yo mismo— me hace sentir como el hogar porque mi hermana y yo nos gusta dibujar juntas. Mi hermana es muy agradable.

Mi familia entera me hace sentir como casa porque me aman y me miman. Todas partes sienten como casa ha mi porque yo se mis seres queridos siempre me están cuidando.

Todo lo que se mi olvido tambien me hace sentir como casa.

THE HOUSE THAT IS ALWAYS CLEANING

by Natalie M., grade 2

This is a story about home. Home is two tall people and two shorter people. My house is capacious. My dad is always in the basement washing clothes and watching the Bears game. My mom is always doing work. Most likely, she's cooking or cleaning. My sister is always in her room calling her friends. I would usually be watching TV.

Home feels like freedom and family. Home is freedom because I have Wi-Fi, which gives me the freedom to have access to YouTube. Home makes me feel loved, and I take a nap. At home, when my sister and I have to do work, we don't want to. My mom cooks delicious chicken. She also cooks Jamaican food. Mom and I are the learning type of girls. Courtney doesn't like learning. My aunty always makes appetizing spaghetti and gives it to us. We do a lot of cleaning. My mom and I are the early birds. Dad and Courtney are the 6:15 kind of people. Dad makes very good fried chicken, baked chicken, bacon, and burgers. Mom makes good curry chicken, dumplings, fish, cookies, cornbread, and pancakes. As you can see my house is always clean.

La casa que siempre está limpiando

por Natalie M., grado 2

Este cuento es de la casa. Casa es dos gente hay dos personas altos y dos personas chaparros. Mi casa es espacioso. Mi papa siempre esta la sotano Lavado ropa y mirando la juego de los Bears. Mi madre siempre está trabajando. Más probable que esta cocinando o lavando. Mi hermana siempre está en su cuarto llamando sus amigas. Yo usualmente estoy mirando la Televisión.

Mi hogar se siente como libertad y familia. Mi hogar es libertad porque tengo Wi-Fi, que me da acceso a Youtube. En casa cuando mi hermana y yo estamos haciendo trabajo no queremos. Mi madre cocina pollo delicioso, también cocina comida de Jamaica. Madre y yo somos los niños que aprenden. Courtney no la gusta perder. Mi tia hace espaguetis apetitosos y nos da. Hacemos mucho limpeza. MI madre y yo somos el pájaro temprano. Papa Y Courtney son los 6:15 tipo de gente. Papá hace pollo frito, pollo corindo, tocino y hamburguesas muy ricas. Mama hace pollo de curry, empanadas, pesado, galletas, pan de maíz, y pancakes muy ricas. Como podéis ver mi casa siempre está limpia.

An Evening at My Dad's House

by Alondra M., grade 4

As soon as I walk through the door, I hear my brother and sister screaming. They are playing in the bedroom making a mess. I see the mess that I have to clean up and I get mad. I still love my brother though.

In the kitchen, I smell my favorite food—letter soup—and it smells delicious. My mom and grandma talk or listen to music while cooking or washing the dishes. When we eat, we eat together as a family. It makes me feel loved because we are all together.

After dinner, I go to my room and climb up to the top bunk to watch TV and relax. I lay in my head on my pillow and wrap myself in a blanket. On the TV, I watch my favorite show, *Bunk'd*.

When I get bored of watching TV, I get my supplies to draw and color my own drawings. After I draw and color for a couple minutes, I go put my things back in my room. I ask my brother and sister if they want to play hide and seek together. After we are all done playing, we hear our mom say, "Okay, guys, time to go to bed and brush your teeth." We put on our pajamas, brush our teeth, and go to bed.

The End.

una Tarde en La casa De mi papa

por Alondra M., grado 4

Tan pronto entro por la puerta escucho a mi hermano y hermana gritando. Están jugando en el dormitorio haciendo un lío. Veo el desorden que tengo que limpiar y me enojo. Aunque aun quiero a mi hermano.

En la cocina huelo mi comida favorita—sopa de letras—y huele delicioso. Mi mamá y abuela hablan o escuchan música mientras cocinan o lavan los platos. Cuando cenamos comemos juntos en familia. Me hace sentir querida porque estamos todos juntos.

Después de cenar voy a mi habitación y subo a la litera de arriba para ver televisión y relajarme. Acuesto mi cabeza en la almohada y me envuelvo en una cobija. En la televisión veo mi show favorito *Bunk'd*.

Cuando me aburro de ver televisión, traigo mis utensilios para dibujar y colorear mis dibujos. Despúes de dibujar y colorear por unos minutos devuelvo los utensilios a mi cuarto. Le pregunto a mi hermano y hermana si quieren jugar a las escondidas juntos. Después de jugar oigo a mi mama decir "Okay chicos ya es hora de ir a dormir y cepillarse los dientes." Nos ponemos nuestras pijamas, cepillamos nuestros dientes, y nos vamos a dormir.

Fin.

HOME IS A LOT TO ME

by Keontae M., grade 7

How is a place to be free, dancing, and watching whatever we want to watch at any time, also a place where your family can live?

My favorite room is my room. Most nights, I just stay in my room and chill and talk to my friends while I play 2K. My favorite memory about my home is when I moved in. My house had space to play catch with my cousins and practice football plays. I spent most of my time either outside with my cousins or at home in my room.

Football is home to me. Football is one of the best sports to play at school. Football is a sport I have loved since I was four years old. Running back and linebacker are the most played positions. I might get hit and knocked down, but I still play.

Home can be a lot of things to me, and I would never throw it away.

MI HOGAR ES MUCHO PARA MI

por Keontae M., grado 7

Como es que un lugar puede ser libre, para bailar, y donde podemos ver lo que queremos a cualquier hora y un lugar donde puedes vivir con tu familia?

Mi lugar favorito es mi cuarto. Muchas noches, solo me quedo en mi cuarto a descansar y hablar con mis amigos mientras juego 2K. Mi recuerdo favorito de mi hogar es cuando me mudé. Mi casa tenía espacio para jugar con mis primos y practicar jugadas de futbol americano. Me paso mucho del tiempo afuera con mis primos o en casa en mi recamara.

El fútbol americano también es un hogar para mi. Fútbol es uno de los mejores deportes para jugar en la escuela. El fútbol es un deporte que he amado desde que yo tenía cuatro años. Corredor y linebacker son las posiciones más jugadas. Me pueden pegar o tumbar, pero yo sigo jugando.

Hogar pueden ser muchas cosas para mi que nunca tiraría.

PLAYING ROBLOX WITH MY COUSINS

by Cristian C., grade 4

My home is a house and I live in it. My family lives in my house with me. The color of my house is blue, and I hear cars when I am outside of my house. I have another house that was close to my cousin's house, but I moved to another house, and so did my cousin. My first old house was close to a park. I had a birthday party at my old house when I was 5 years old. My old house was a little big, then I moved to a new house — it was way too short.

My favorite house, where I want to stay, is my old house because it is like one mile to go to my house. Also, my cousin comes to my house for a play day. My cousin's name is Erick Y. and he has a little brother named Ismiel.

I also have some other cousins who come to my house. My other cousin that comes to my house is named Erik B. He sometimes comes to my house for a sleepover. Erik B. plays different games with me like "Guess What Legendary Pokemon I Am." My house is close to a building called McDonald's and McDonald's is also close to a park.

I also go to sleepovers at Erik B.'s house. We play on our electronics, and we play Roblox on our phones or iPad for only an hour or two. We chose the server. Once, we wanted to play Pokemon Breeze, and we battled each other with our Pokemon. Erik B. had a Lugia and I had a Charizard, which Mega evolved in

Jugar ROBLOX con mis primos

por Cristian C., grado 4

Mi hogar es una casa y vivo ahí. Mi familia vive conmigo en mi casa. El color de mi casa es azul y cuando estoy afuera puedo escuchar carros pasar. Tengo otra casa que estaba cerca de la casa de mi primo, pero me mudé a otra casa y mi primo también. Mi primera casa vieja estaba cerca de un parque. Tuve una fiesta de cumpleaños en mi casa vieja cuando tenia 5 años. Mi casa vieja era un poco grande, y cuando me mudé a la casa nueva— era muy corta.

Mi casa favorita, donde me quiero quedar, es mi casa vieja porque es como una milla para ir a mi casa. También, mi primo viene a mi casa para un dia de juegos. Mi primo se llama Erick Y. y el tiene un hermanito que se llama Ismiel.

También tengo otros primos quienes vienen a mi casa. Mi otro primo que viene a mi casa se llama Erick B. A veces viene a mi casa para una pijamada. Erick B. juega diferentes juegos con migo, como "Adivina qué Pokémon legendario soy". Mi casa esta cerca de un edificio que se llama McDonald's y McDonald's también está cerca de un parque.

También voy a pijamadas de la casa de Erik B. Jugamos con nuestras electrónicas, y jugamos Roblox en nuestros teléfonos o iPads por solamente un hora o dos. Escogemos el servidor. Una vez, queríamos jugar Pokemon Breeze, y nos luchamos con nuestro Pokemon. Erik B. tenía un Lugia y yo tenía un

Mega Charizard X.

I also play with my cousin Erick Y. He has a Nintendo Switch, and we like to play Mario Kart 8 because we just have to get the big star in the game. Also, I went to Magic Waters Waterpark with Erik Y.'s family and my family, and we went to a big pool that makes a lot of waves in an hour and I went to the biggest slide, went down it, then I splashed in a small pool and it kind of hurt.

In my house, I play Roblox sometimes. I play in the server called "skywars." I was playing all by myself, and when I got to skywars, I kept moving and got my diamond armor. The diamond armor is shiny and stronger, and it is the color light blue. I can get weapons too — there are 4 different types of swords. I feel excited when I get the shiny diamond sword, which costs 4,000 coins.

When the next round began, my cousin joined my game fast. I built a bridge to him and he followed me, then I went back to my island, and then we started building another bridge to the middle island. When I finished building a bridge to the middle, Erick Y. and I built other bridges to someone else's island. When I finished building a bridge to the other island, we both got out our swords and attacked the people who were teamed up, and two minutes later, we won the game.

Charizard que Mega evoluciono a Mega Charizard X.

También juego con mi primo Erick Y. Tiene un Nintendo Switch, y nos gusta jugar Mario Kart 8 porque tenemos que ganar la estrella grande en el juego. También, fui a Magic Waters Waterpark con la familia de Erik Y. y mi familia, y fuimos a la piscina grande que hacen muchas olas en una hora y fui al tobogán más grande, y la baje, luego chapote en una piscina pequeña y me dolio un poco.

En mi casa, algunas veces juego Roblox. Juego en el servidor llamado "skywars." Juge solo y cuando llegue a skywars, seguí avanzando y gare mi armadura diamante. La armadura diamante es brilloso y poderoso, y el color es azul liviano. Puedo agarrar armas también— hay cuatro diferentes tipos de espadas. Me emociono cuando garo la brillante espada diamante, que costa 4,000 monedas.

Cuando empezó la siguiente ronda, mi primo participacio rapidamente. Le construye un puente y me siguió, luego yo fui otra vez a mi isla, luego empezamos construir otro puente a la isla del medio. Cuando terminamos ese puente, Erick Y. y yo construyamos todavía otro puente a la isla de alguien más. Cuando termine construyendo el puente a la otra isla, nosotros dos sacamos nuestras espadas y atacamos la gente que estaban jugando juntos, y dos minutos después ganamos el juego.

Home is Not Always Happy

by Mayra C., grade 4

You walk home.

You see people in a kitchen happily eating tacos.

In the next room is a parent screaming at their kid.

The next room, is a kid playing video games at 3:30am and not caring about a thing in life.

In next room, you see a mom crying and hugging her two kids after being separated for years.

But sometimes, homes taste like creamy ice cream and also like sour candy that you wish you could spit out.

EL HOGar no siempre es feliz

por Mayra C., grado 4

Caminas a casa.

Ves gente en una cocina felizmente comiendo tacos.

En en cuarto de al lado hay un padre gritándole a su hijo.

El siguiente cuarto, es un niño que juega videojuegos a las 3:30 de la madrugada y no se preocupa por nada en la vida.

En el cuarto de al lado, ves a una madre llorando y abrazando a sus dos hijos después de haber estado separados por años.

Pero a veces, los hogares saben a helado cremoso y también como dulces agrios que desearías poder escupir.

Home is . . .
by Courtney M., grade 6

Home is where I live.
Home is where I can concentrate on my work.
Home is where I can do whatever I want (except burn the house down).
Home is where freedom lives.
Home is where you can be yourself.
Home is where I can watch TV and watch YouTube.
Home is where I can recharge myself.
Home is where I can annoy my sister and my parents.
Home is where I can talk to my friends.
Home is where I can do creative things and make stuff, like hair clips.
Home is... *awesome*.

Home can be anything!
by Karen V., grade 4

Art makes me feel at home. Art can be colorful, creative, or edible.

Math makes me feel at home. Math is my favorite subject. I love solving complicated multiplication problems; it's very challenging.

Home can be anything. Home is a thing or a place you love.

EL Hogar es . . .
por Courtney M., grado 6

El hogar es donde vivo.
El hogar es donde puedo concentrarme en mi trabajo.
El hogar es donde puedo hacer lo que quiera (sin quemar la casa).
El hogar es donde vive la libertad.
El hogar es donde puedes ser tú mismo.
El hogar es donde puedo ver la televisión y ver YouTube.
El hogar es donde puedo recargarme.
El hogar es donde puedo molestar a mi hermana y a mis padres.
El hogar es donde puedo hablar con mis amigos.
El hogar es donde puedo hacer cosas creativas y hacer cosas, como pinzas para el cabello.
El hogar es ... *increíble*.

EL Hogar puede ser cualquier cosa!
por Karen V., grado 4

El arte me hace a sentir como en casa. El arte puede ser vistoso, creativo, o comestible.

Las matemáticas me hacen sentir como en casa. Mi materia favorita es matemáticas. Me encanta resolver problemas de multiplicación complicados; es muy desafiante.

El hogar puede ser cualquier cosa. El hogar es una cosa o un lugar que amas.

HOME HOME HOME HOME HOME HOME

by Isaias D., grade 7

Home feels like a house on wheels driving on a bumpy road.
Try and pedal steady!
If you do, you'll be ready.

Home feels like a charging bull running at the wall.
Focused by anger, resulting in a banger.

Home is where you feel safe.
When you pass one block, two blocks, three blocks, then comes home base.

Home is filled with laughter and love.
Like a heat sensor entering the hot zone.
When you feel it, you feel a fever in your veins.

Home feels like a spooky, scary skeleton at night.
When you see a spooky, scary skeleton dancing on the street.

When you see a full moon, home sounds like squeaky, like a chair that spins.
And like me playing video games, raging.

HOGAr HOGAr HOGAr HOGAr HOGAr HOGAr

por Isaias D., grado 7

El hogar se siente como una casa sobre ruedas que se
conduce en un camino lleno de baches.
¡Prueba y pedalea estable!
Si lo haces, estarás listo.

El hogar se siente como un toro cargando corriendo
hacia la pared.
Enfocado por la ira, resultando en una explosión.

El hogar es donde te sientes seguro.
Cuando pasas una cuadra, dos cuadras, tres cuadras,
luego llegas la base de bateador.

El hogar está lleno de risas y amor.
Como un sensor de calor entrando en la zona caliente.
Cuando lo sientes, sientes fiebre en las venas.

El hogar se siente como un esqueleto espeluznante y
aterrador en la noche.
Cuando ves un esqueleto espeluznante y aterrador
bailando en la calle.

Cuando ves una luna llena, el hogar suena como
chirriante, como una silla que gira.
Y como yo jugando videojuegos, rabiando.

THE CAMPFIRE

by Kristupas R., grade 6

My house is quiet and filled with a strong aura— with black and white walls, and a filling of gray. My world is strange and wonderful.

Drips of sadness go on the floor like needles.

You have a puzzle with no answer.

You improvise and find your life was a pile of dust and burned in a campfire. You can't see or feel heat and don't see the flames.

There is white blaze, and your ghost color was red. Then you inhale the smoke and smell all the bad moments of history and despair with a hint of charcoal.

HOME

by Alondra A., grade 3

I can feel the fresh air. I can smell the chicken cooking. I can feel the warm and soft blanket. I can see my hen. I can hear my bird singing. I can taste the delicious chicken.

La Fogata

por Kristupas R., grado 6

Mi casa está tranquila y llena de un aura fuerte— con paredes negras y blancas, y relleno gris. Mi mundo es extraño y maravilloso.

Gotas de tristeza van al suelo como agujas.

Tienes un rompecabezas sin respuesta.

Improvisas y encuentras que tu vida fue una pila de polvo y quemada en una fogata. No puedes ver ni sentir las llamas.

Hay un resplandor blanco, y tu fantasma fue color rojo. Entonces inhalas el humo y hueles todos los momentos malos de la historia y desaparecen con un toque de carbón.

Hogar

por Alondra A., grado 3

Yo puedo sentir el aire fresco. Yo huelo el pollo cocinando. Yo puedo sentir la cobija caliente y suave. Yo puedo ver mi gallina. Yo escucho mi pájaro cantando. Yo puedo saborear el pollo delicioso.

I'm Home

by Brandon A., grade 6

I'm home, I'm home.
I'm up all night on the phone.

I'm home, I'm home.
With my sister I'm not alone.

I'm home, I'm home.
With my Chromebook and my phone.

I'm home, I'm home.
I like homes with domes.

I'm home, I'm home.
Near the street *Rhome*.

I'm home, I'm home.
Go to the basement and find a tome.

I'm home, I'm home.
I thought to myself for a second and I took out my phone
To call the previous owner 'bout the tome
That I found in the basement, when I was calling the owner I saw Nikolaus Blome
I used to work at *ROLM*, that was a phone corporation, while eating my phone.

ESTOY en casa

by Brandon A., grado 6

Yo estoy en casa, Yo estoy en casa.
Estoy despierto toda la noche en el teléfono.

Yo estoy en casa, Yo estoy en casa.
Con mi hermana no estoy solo.
Yo estoy en casa, Yo estoy en casa.
Con mi Chromebook y mi teléfono.

Yo estoy en casa, Yo estoy en casa.
Me gusta las casas con cúpulas.

Yo estoy en casa, Yo estoy en casa.
Cerca de la calle *Rhome*.

Yo estoy en casa, Yo estoy en casa.
Ir al sótano y encontrar un tomo.

Yo estoy en casa, Yo estoy en casa.
Pensé por un segundo y saque mi teléfono
Para llamar al propietario anterior del tomo
Que encontré en el sótano, cuando le estaba llamando
al dueño vi a Nikolaus Blome
Yo trabajaba en *ROLM*, era una compania de telefono,
mientras comía mi teléfono.

THE FIVE SENSES OF HOME

by Brayton B., grade 3

Home is the smell of flowers.
Home is filled with flowers.

Home means love, family, and together time.
Together time because of board games.

I hear the noise of my cat purring and purring.

I feel the vibration of the game controller

Senses, smells, and sounds…

PAUSE!

But what about taste and sight?

I taste the tasty, yummy things.

I see the loved ones
that I love and will always.
Love.

LOS CINCO SENTIDOS DEL HOGAR

por Brayton B., grado 3

La casa es el olor de flores.
La casa esta llena de flores.

La casa significa amor, familia, y pasar tiempo juntos.
Tiempo juntos disfrutando juegos de mesa.

Puedo escuchar a mi gato ronronear y ronronear.

Puedo sentir la vibración del control remoto de mi juego.

Sentidos, olfato, y sonidos....

PAUSA !

¿Y que tal el sentido del gusto y la vista?
Saboreo las cosas deliciosas.

Veo a mis seres queridos,
que amo y siempre amare.
Amor.

Air

by Lauren F., grade 1

Home smells like oranges in the afternoon.
Home tastes like pancakes in the morning.

At home, I touch my iPhone and it feels cold.
At home, I hear my brother make noise.
At home, I see my mom and dad making breakfast.

It feels like air falling to the ground.
It feels like raining tacos.

Home is silly.
Home is fun.
Home is brick.
Home is home.

All About Home

by Valery V., grade 1

My home feels as warm as hot cocoa and as cold as ice cream. Home feels really fun. The outside of my apartment is red with brown bricks. My kitchen is the color white.

Home smells like bacon and sometimes like chicken and pizza because Grampa brings some over. Home also feels calm and sometimes tiring. I love the smell my mom makes every Christmas and every morning and afternoon. It is sometimes loud because my baby brother cries and screams. Sometimes my cousins, aunt, and Grampa come over.

Aire

por Lauren F., grado 1

El hogar huele como a naranjas en la tarde.
El hogar sabe como a panqueques por la mañana.

En casa, toco mi iPhone y se siente frío.
En casa, escucho a mi hermano haciendo ruido.
En casa, veo a mamá y papá haciendo el desayuno.

Se siente como que el aire se está cayendo al suelo.
Se siente como que está lloviendo tacos

Mi hogar es gracioso.
Mi hogar es divertido.
Mi hogar es un ladrillo.
Mi hogar es mi hogar.

Todo de mi casa

por Valery V., grado 1

Mi casa se siente caliente como el chocolate caliente y frío como la nieve. Mi casa se siente muy divertido. Afuera de mi apartamento es rojo con ladrillos cafés. El color de mi cocina es blanco.

La casa huele a tocino, y a veces como pollo y pizza porque abuelito trae algo de más. Casa también se siente muy tranquilo y a veces fatigoso. Yo amo el olor que mi mama hace cada navidad y cada mañana y tarde. A Veces es muy ruidoso porque mi hermanito llora y grita. A Veces mi prima, mi tía, y mi abuelito vienen a la casa.

MY HOME ADVENTURES

by Amelia B., grade 4

To me, home means love, family, and joy. Home feels like an exciting adventure.

One day, it's a quest to find mythical and legendary creatures. Some are white and gray, some have stripes and, for some strange reason, their names are Finna and Jack. The next day, it's being a demigod of Poseidon, earth-shaker and Greek god of the sea. Three days before, it's being a dinosaur. I'm purple and light green. I run in the fields where humble ones quake; I trot near the sea where water ones wake. I roar as loud as a lion and I smell like Muenster cheese. At noon, it's being a Nightwing-Seawing hybrid, the most powerful dragon ever.

I'm lost in the adventures my own comic characters, Emodicon and Equinox, have. Emodicon is a white blob and a light master. While Equinox is a black blob, and is the master of darkness. The twins clash like an eclipse.

I could even be a big potato, surviving hungry beings as famished as wolves. Some of them are nice, some are mean, some are tall, some are short and some, well, some are just crazy and weird. Adventures can be fearful or joyful, but most all to me, they are at home.

MIS AVENTURAS CASERAS

por Amelia B., grado 4

Para mi, el hogar significa amor, familia, y alegría. El hogar se siente como una aventura fantástica.

Un dia, es una misión para encontrar animales míticos y legendarios. Algunos son blancos y grises, algunos tienen líneas, y por alguna razon, son nombrados Finna y Jack. El día siguiente, es ser un semidiós de Poseidón, terremoto y dios Griego del mar. Tres dias antes, es un ser dinosaurio. Soy morado y verde claro. Yo corro en los campos donde tiemblan los humildes; Yo trote cerca al mar donde los acuáticos se despiertan. Yo grito como un león, y tengo olor a queso Muenster. Al mediodia, es ser un híbrido de NightWing y Seawing, el dragón más poderoso.

Estoy perdido en los aventuras de mis caracteres de cómic, Emodicon y Equinox. Emodicon es un gota blanca y un maestro de luces. Mientras Equinox es un gota negra, y es maestro de oscuridad. Los dos gemelos luchan como un eclipse.

Yo aún podría ser un papa inmenso, sobreviviendo seres mas muriendo de hambre como lobos. Algunos son amables, otros son malos, algunos son altos, otros son cortos, y, bueno, algunos son locos y raros. Aventuras pueden ser terroríficos o alegres, pero la mayoria, para mi, son familiar.

Casa De Asada

by Leah B., grade 8

The definition of home means food, Fortnite, and sleep. Home makes me feel comfortable, lazy, and relaxed. Home is a place where I can make memories and share things every day. Home is where I sleep, live off of tacos de asada, and play some video games people call stupid. Home is my cozy place where I play with my three dogs and my family. In any situation, I will always be excited to go home.

My PlayStation, animals, shoes, room, and bed are my happy places. My dogs are Patty the Frenchie, Walter the Frenchie, and Luna the American Bully. Patty is white with black spots. Luna is a bluish color and very tall. Walter is a creme color and taller than most Frenchies.

I wake up at 6:30 a.m. and go to school for 7 to 8 hours. Home, homework, Fortnite, sleep, and repeat. My parents, especially, make home better. They ask how my day went, what I did at school today, and if I have any homework. My dogs make home feel special, even when I see them every day.

casa De asaDa

por Leah B., grado 8

La definición de hogar significa comida, Fortnite y sueño. El hogar me hace sentir cómoda, perezosa, y relajada. El hogar es un sitio en donde puedo hacer memorias y compartir cosas todos los días. El hogar es donde duermo, sobrevivo de tacos de asada y juego videojuegos la gente llama estúpidos. El hogar es mi lugar acogedor en donde juego con mis tres perros y mi familia. En cualquier situación, siempre estaré emocionada de ir a casa.

Mi PlayStation, animales, zapatos, cuarto, y cama son mis lugares felices. Mis perros son Patty la frenchie, Walter el frenchie, y Luna la Bully Americana. Patty es blanca con puntos negros, Luna es un color azulito y muy alta. Walter es un color crema y más alto que la mayoría de los frenchies.

Me despierto a las 6:30 de la mañana y voy a la escuela de 7 a 8 horas. El hogar, tarea, Fortnite, dormir y repetir. Mis padres, especialmente, hacen el hogar mejor. Me preguntan cómo estuvo mi dia, que hice en la escuela hoy, y si tengo alguna tarea. Mis perros hacen el hogar sentirse especial, aunque los veo todos los días.

HOME-ies

by Aldo A., grade 5

Home is many things to me: Minecraft, dogs, cats, Wi-Fi, Xbox One, Mom, Dad, board games, games, food, toys, Doritos, or watching TV on the couch. Home is a place where you can eat, sleep, poop, learn, read, and play. At home I usually feel happy and comfortable because it's the place where I can do activities.

It tastes like an ice cream sundae on a sunny day. It feels like playing video games and getting in trouble at the same time on a rainy day. It smells like fresh cupcakes on a snowy morning.

Home feels smooth like silk. It is anything you want it to be. Home can be a book, a game, a person, a place, or a thing. It can be an action that you can do, for instance, jumping or singing. Home is where activities happen. It can be where you live or where you are, or it can be a thing or a place. For example, my home is Target because that's where I buy my video games.

Home also makes me feel happy because I feel comfortable in Chicago, Illinois. Home is a person, a place, a thing, or an adjective. It can be anything at all.

Home-ies

por Aldo A., grado 5

Hogar es muchas cosas para mi: Minecraft, perros, gatos, WI-FI, Xbox One, Mamá, Papá, juegos de mesa, juegos, comida, juguetes, Doritos, o ver televisión en el sofá. Hogar es un lugar en donde tu puedes comer, dormir, hacer popo, aprender, leer, y jugar. Usualmente me siento feliz y cómodo en mi hogar porque es el lugar en el que puedo hacer varias actividades.

Sabe como un helado en un día soleado. Se siente como jugar videojuegos y meterse en problemas al mismo tiempo en un día lluvioso. Huele a cupcakes frescos en una mañana con mucha nieve.

Hogar se siente suave como la seda. Es todo lo que tu quieras que sea. Hogar puede ser un libro, un juego, una persona, o una cosa. Puede ser una acción que tu puedes hacer, como brincar o cantar. Hogar es donde actividades pasan. Puede ser donde tu vives o donde estes, o puede ser una cosa o un lugar. Por ejemplo, mi hogar es Target porque ahí es donde compro mis videojuegos.

Hogar también me hace sentir feliz porque me siento cómodo en Chicago, Illinois. Hogar es una persona, un lugar, una cosa, o un adjetivo. Puede ser cualquier cosa.

MY HOME

by Julian D., grade 8

Every time I come home from school, I eat last night's leftovers. My aunt's house tastes like wax and smells like Mexico and my grandma's house smells like winter mixed with summer and the kitchen.

When I was in Mexico, I went to a wedding in Mazatlan and stayed in a house — my family paid for the place. The house smelled like the border — bugs, wet dirt, and diseased farm animals. During the wedding, there was a huge storm by the beach ocean. There was thunder and so much rain that it smelled like a rain forest. I was there for three weeks, but it felt like I was surrounded by people who speak Spanish forever.

It was a relief to come home. I live in Illinois. It will positively, always smell like it. Chicago in the winter smells like the flu and in the spring and summer it smells like you're hydrating. When I'm at home, my favorite part of it is sleeping on my bed full of junk like a dump.

MI HOGar

por Julian D., grado 8

Cada vez que vuelvo a casa de la escuela, como las sobras de la noche anterior. La casa de mi tía sabe a cera y huele a México y la casa de mi abuela huele a invierno mezclado con verano y la cocina.

Cuando estuve en México, fui a una boda en Mazatlán y me quedé en una casa — mi familia pagó por el lugar. La casa olía como la frontera: insectos, tierra mojada y animales de granja enfermos. Durante la boda, hubo una gran tormenta junto al mar de la playa. Hubo truenos y tanta lluvia que olía como un bosque lluvioso. Estuve allí durante tres semanas, pero me sentí como si estuviera rodeado de personas que hablan español para siempre.

Fue un alivio volver a casa. Yo vivo en Illinois. Será positivo, siempre olerá igual. Chicago en invierno huele a gripe y en primavera y verano huele como si estuvieras hidratando. Cuando estoy en casa, mi parte favorita es dormir en mi cama llena de basura como un basurero.

MY HOME

by Ezekiel M., grade 6

My mom makes awesome pasta with tomato sauce. My dad tells me to laugh. Home is a place where you can be yourself. There is a store near my home where I can get hot chips. My home is not too big or too small. It is an apartment and it makes me happy because I can play Fortnite.

My siblings are sometimes nice to me when they are either using my Xbox or when they need something. My siblings ask me to play Fortnite; we play Fortnite in my room. My siblings are always asking me to play Fortnite, and sometimes, I say yes, but most of the time, I say no. One day, I said yes, and my sister almost got a kill. She hit him for 100. He was at one HP, and she was so mad and sad. January 2nd was my birthday, and I woke up at 1:00 p.m. to play Fortnite with my friend. She got four kills, I got five kills. I was so happy.

MI HOGar

por Ezekiel M., grado 6

Mi mamá hace una pasta increíble con salsa de tomate. Mi papa me dice que me ría. El hogar es un lugar donde puedes ser tú mismo. Hay una tienda cerca de mi casa donde puedo conseguir chips calientes. Mi hogar no es muy grande ni muy pequeño. Es un apartamento y me hace feliz porque puedo jugar Fortnite.

Mis hermanos a veces son amables conmigo cuando usan mi Xbox o cuando necesitan algo. Mis hermanos me piden que juegue Fortnite; jugamos Fortnite en mi cuarto. Mis hermanos siempre me piden que juegue Fortnite, y a veces digo que si, pero la mayoría de las veces digo que no. Un día dije que sí, y mi hermana casi consiguió un asesinato. Ella le tiro por 100. El estaba con 1 HP, y ella estaba muy enojada y triste. Enero 2 era mi cumpleaños, y desperté a la 1 de la tarde para jugar Fortnite con mi amiga. Ella consiguió 4 asesinatos, yo consegui 5 asesinatos. Esta muy feliz.

one place

by Ariana B., grade 7

Home can be many things. It can have the person who loves you or makes you feel safe. But home can also be the place with your annoying siblings. Home can be the same house you've been living in, or the different walls throughout your life. The warm, awkward feeling when you talk to your family about your silly, little childish memories. Or, the photos hanging on the wall with memories behind them.

Home can also have the smell you love, or the smell of the food that you dislike but you know you still have to eat. Home can be the arguments you have with your siblings — about who is taking up more space on the couch, or when they barge in your room without knocking (but at the end, you still have to apologize).

At the same time, home has that special room where you can relax.

un lugar

por Ariana B., grado 7

El hogar puede ser muchas cosas. Puede tener a la persona que te quiere o que te hace sentir seguro. Pero el hogar también puede ser el lugar de tus hermanos molestosos. El hogar puede ser la misma casa en que has vivido o las diferentes paredes atreves de tu vida. El sentimiento cariñoso y extraño cuando hablas con tu familia de tus recuerdos tontos de la niñez. O las fotos colgadas en la pared con recuerdos detrás de ellas.

El hogar puede tener el olor que te encanta o el olor de la comida que no te gusta, pero sabes que todavía tienes que comerla. El hogar puede ser los argumentos que tienes con tus hermanos — de quien está ocupando más espacio en el sofá o cuando irrumpen en tu cuarto sin tocar la puerta (pero al final, todavía tienes que pedir disculpas).

Al mismo tiempo, el hogar tiene ese cuarto especial donde te puedes relajar.

TILL THE END OF DAYS

by Asha J. H., grade 8

Home is where or when I'm with my family or friends playing sports. Listening to my brother, or partying and having gaming competitions against him, or talking about cars with my grandfather. Supporting my sister through high school. Playing with my pets and always being there for my family.

In my family the word love means different things like: happiness, fun, psycho, excitement, etc . .. but ours means love. It means that we will be there to love our family till the end of days. That is what home means to me.

Hasta el fin de los días

por Asha J. H., grado 8

El hogar es donde o cuando estoy con mi familia o amigos haciendo deportes. Escuchar a mi hermano, salir de fiesta y tener competiciones de juego contra él, o hablar de autos con mi abuelo. Apoyando a mi hermana en la escuela secundaria. Jugar con mis mascotas y estar siempre ahí para mi familia.

En mi familia, la palabra amor significa diferentes cosas como: felicidad, diversión, psicópata, emoción, etc. . . Pero lo nuestro significa amor. Significa que estaremos allí para amar a nuestra familia hasta el fin de los días. Eso es lo que el hogar significa para mí.

POPEYES!

by Dexter F.

Home, to me, is Popeyes. Home smells like fried chicken. It feels like your mouth watering at the scent of chicken. It sounds like chicken frying. It tastes like fried chicken.

I see the chicken under the heater so it stays warm. Everybody is pushing each other to get in line for crispy chicken. It makes you want to jump over the counter.

I hear people tapping their feet because they're impatient. It makes me feel like they're going to start a riot if they don't get their chicken soon.

When I get home, I take the chicken out of the box and I eat it. When it's in my mouth, I hear the crunch of the crispy breading. It feels like a chocolate chip cookie, hard on the outside, soft on the inside.

I turn to my sister and say, "This is finger-licking good!" She is jealous because I have chicken and she doesn't. Her face is frowning because she wants some.

¡POPEYES!

por Dexter F.

El hogar, para mi, es Popeyes. El hogar huele a pollo frito. Se siente como cuando se te hace agua la boca al olor del pollo. Suena como el pollo friendo. Sabe a pollo frito.

Veo el pollo debajo de un calentador para que se quede caliente. Todos se empujan en la línea por el pollo crujiente. Te hace querer saltar sobre el mostrador.

Escucho a personas taconear sus pies porque están impacientes. Me hacen sentir que empezaran un alboroto si no reciben su pollo pronto.

Cuando llego a mi hogar, saco el pollo de la caja y lo como. Cuando esta en mi boca, escucho crujir el empanizado crujiente. Se siente como una galleta de chispas de chocolate, dura por fuera, suave por dentro.

Volteo hacia mi hermana y digo "¡Esta como de chuparse los dedos!" Está celosa porque yo tengo pollo y ella no. Su cara está triste porque quiere.

WHere I want to Be

by Sipho F., grade 5

Home makes me feel safe because I have a big dog named Abel. Abel is a very strong dog that is soft and playful. He is gray, tall, and buff like a bull— that's why my home is safe. My home has a lot of energy, starting with the yells when I don't score in my FIFA game to the singing of my mom and my dog.

My home is peaceful because of my mom's hip hop radio station. It's a place to take off your shoes and relax. My home is very warm, sometimes too warm. My home is the color yellow. My home makes me happy. My home smells like fresh pancakes with syrup. My home sounds like loud gales of laughter.

Home is in Ukrainian Village. Home is where my dog is. Home is the place I want to be. Home sounds like my dog running— *tip tap tip tap*. My home sounds like my family watching soccer and football games telling the players, "Pass it over there!"

And that is what my home is.

Donde quiero estar

por Sipho F., grado 5

Mi hogar me hace sentir seguro porque tengo un perro grande que se llama Abel. Abel es un perro muy fuerte que es suave y juguetón. El es gris, alto y musculoso como un toro - es por eso que mi casa esta segura. Mi casa tiene mucha energía, empezando con los gritos cuando no marco puntos en mi juego de FIFA a los cantos de mi mama y mi perro.

Mi casa es tranquila por la estación de hip hop de mi mama. Es un lugar donde puedes quitarte tus zapatos y relajarte. Mi casa es muy caliente, a veces demasiado caliente. Mi casa es el color amarillo. Mi casa me hace feliz. Mi casa huele como panqueques frescos con miel. Mi casa se oye como muchas carcajadas.

Mi casa es en Ukrainian Village. Mi casa es en donde esta mi perro. Mi casa es donde quiero estar. Mi casa se oye como mi perro corriendo — tip tap tip tap. Mi casa se oye como mi familia viendo juegos de futbol y futbol Americano ordenando a los jugadores "pasa lo allí!"

Y eso es lo que es mi casa.

Acknowledgements

We are incredibly grateful for the generosity of our donors, who fund our programs and publications. Thank you for giving our students the opportunity to become published authors and share their stories with the world. You support them in creatively engaging with their community, enriching the lives of their families, teachers, and peers throughout our city. This book was made possible thanks to contributions from Bloomberg L.P., DCASE CityArts, Charter Oak Foundation, The Margaret Baker Foundation, Yelp, the Chicago Tribune Foundation, Kevin Boehm, Justine Jentes, Eric Patton, Diane Quinn, Neil Gehani, the Jenny Baker Household, Lizzy Magarian, Tracy Sprayregen, and the Donley Foundation.

To the volunteer tutors who generously dedicate their weekday afternoons to working with this group of bright and curious young authors, we offer a colossal chorus of applause. We feel incredibly lucky to count you among the 826CHI family and are grateful for all you do.

Thank you so much to the dedicated and talented Translation Cohort who donated their time and energy to translating out students' work. Our deepest gratitude to Margaritha Aguayo, Miriam Barger, David Carlos, Marlene Cervantes, Michael Dunbar, Maricruz Figueroa, Ada Gomero, Samantha Gualito, Teddy Kuhn, Orlando Lara, Elvia Malagon, Natasha Mijares, Daniela Morales, Enrique Orosco, Jill Quarles, Sacremento Roselio-Martinez, and Emmi Sanchez.

Thank you times one million to Olimpia Gonzalez who illustrated a beautiful cover that celebrates our students' writing. Thank you to our diligent copyeditors, Kelli Langdon and Abigale Svoboda, for making sure our students' work is flawless and ready for publication.

We also extend our eternal gratitude to our spring 2019 interns, who work tirelessly to make everything we do so much better. To Madi Casteel, Emily Coffee, Clayton Crook, Taylor Fustin, Mandy Grathwohl, Cherish Harber, Gaga Li, Emily Lien, and Kate Walton: thank you.

WRITING PROMPTS

Join our students and try writing from one of these prompts! Maybe you'll find a home you didn't know you had...

1. Write about what a home is to you! Is it a place? Can you have more than one home? How is your home different than someone else's home?

2. What was or is your home away from home? Why did you choose that example?

3. What would your ideal home look like in the future? What would it need to have?

4. Create a character. Design a home for your character. Based on the qualities you give this character, what kind of home does the character have?

ABOUT 826CHI

826CHI ("eight-two-six Chicago") is a nonprofit organization dedicated to supporting students ages six to 18 with their creative and expository writing skills, and to helping teachers inspire their students to write. Our services are structured around the understanding that great leaps in learning can happen with individualized attention, and that strong writing skills are fundamental to future success.

With this in mind, we provide after-school tutoring, creative writing workshops, in-school residencies, field trips, support for English Language Learners, and publishing opportunities for Chicago youth—all at absolutely no cost to Chicago's schools, teachers, and students.

We strive for all of our programs to strengthen each student's power to express ideas effectively, creatively, confidently, and in their individual voice by providing them a safe space to be their most creative selves. Learn more at: **www.826chi.org**.

ABOUT THE WICKER PARK SECRET AGENT SUPPLY CO.

826CHI shares its space with the Wicker Park Secret Agent Supply Co., a store with a not-so-secret mission. Our unique products encourage creative writing and imaginative play, and trigger new adventures for agents of all ages. Every purchase supports 826CHI's free programming, so visit us at 1276 N Milwaukee Ave in Wicker Park to pick up writing tools, fancy notebooks, assorted fake moustaches and other stellar disguises, books from local publishers, our latest student publications, and much more!

Or, visit us online at **www.secretagentsupply.com**

826CHI Programs

OUR PROGRAMS
826CHI's free programs reach students at every opportunity—in school, after school, in the evenings, and on the weekends.

After-School Tutoring and Writing
826CHI is packed four afternoons a week with students in first through eighth grade working on their homework and sharpening their creative writing skills. Volunteer tutors help students with any and all homework assignments and lead students in daily creative and expository writing activities. Student writing created during tutoring is published in chapbooks throughout the year, and we frequently host student readings for parents, tutors, families, and the greater 826CHI community.

Field Trips
On weekday mornings throughout the school year, we host classes from Chicago schools for lively, writing-based Field Trips at our writing center. Teachers may choose from a wide range of programs, such as our Storytelling & Bookmaking Field Trip, which focuses on plot and character development, or "I Remember . . ." Memoir Writing, in which teenage students transform powerful memories into reflective prose.

In-School Partnerships
Because it can be difficult for teachers and students to make it to our center during the school day, 826CHI brings itself into schools across the city. Thanks to our dedicated volunteer pool, we're able to bring a team writing coaches to give individualized attention to students as they tackle various projects. Do you have an idea for a writing project and could use the assistance of 826CHI's educators and volunteers?

Workshops
Designed to foster creativity, strengthen writing skills, and provide students with a forum to execute projects they otherwise might not have the support to undertake, 826CHI Workshops are led by talented volunteers—including published authors, educators, playwrights, chefs, and other artists—during the school year and throughout the summer.

Teen Writers Studio
826CHI's Teen Writers Studio (or "TWS") is a year-long creative writing workshop that connects high school students to fellow writers, including peers and older professionals in the field. It's open to anyone in 9th-12th grade and welcomes youth from all over the city. TWS members meet twice each month to write together, talk about writing, and produce a literary chapbook each June. If you're into any of the above, this space is for you.

The Young Authors Book Project
We're proud of everything we publish at 826CHI, but we get particularly excited about our annual Young Author's Book Project ("YABP"), in which we partner with a local school to produce an anthology of student work. Over the course of a full school year, our writing coaches work individually with students to help them clarify their voices and polish their drafts. A self-selected group of students and volunteers form an Ambassador Cohort to co-write an introduction, and each YABP is also introduced with a foreword by a professional author. These books are sold at bookstores big and small all over the country and are available in every Chicago Public Library.

826CHI Staff

Kendra Curry-Khanna, *Executive Director*

Julia Clausen, *Data and Impact Associate, Americorps VISTA*

Ola Faleti, *Development Coordinator*

Molly Fannin, *Director of Development*

Gaby FeBland, *Communications Coordinator*

Gerardo Galán, *Program Coordinator*

Waringa Hunja, *Publications Coordinator*

Mackenzie Lynch, *Communications Associate, Americorps VISTA*

Natasha Mijares, *Program and Evaluation Manager*

Nire Nah, *Retail Associate*

David Pintor, *Volunteer Manager*

Molly Sprayregen, *Program Coordinator*

Tyler Stoltenberg, *Operations Manager*

Maria Villarreal, *Director of Programs*